Kore
Yamazaki

FRAU FAUST

3

Was bisher geschah

Dies ist die Geschichte bis zu ihrem Wiedersehen nach hundert Jahren.

Johanna Faust sucht die fünf versiegelten Körperteile des Dämons Mephistopheles. Mit der Hilfe des wissbegierigen Marion gelangt sie in den Besitz seines rechten Arms. Um sich auszuruhen, sucht sie den Unterschlupf ihres Homunkulus Nico auf. Doch nach einem erneuten Kampf gegen den Inquisitor Lorenzo, bricht sie schließlich zusammen. Auch wenn Johannas Verletzungen durch den Fluch der Unsterblichkeit heilen, schrumpft ihr Körper dabei. Sie lässt Marion bei Nico zurück und macht sich allein auf den Weg in die Stadt, in der ein weiterer Körperteil von Mephisto verborgen sein soll.

Zur gleichen Zeit begeben sich auch Lorenzo und sein Partner Vito in die Stadt, um diesen fortzuschaffen. Derweil werden Marion und Nico, die Johanna gefolgt waren, sowie Vito, der die Kirche inspizieren wollte, angegriffen und entführt. Um ihre Freunde zu retten, arbeiten Johanna und Lorenzo vorübergehend zusammen. Doch tief in den Katakomben der Kirche verwandelt sich die tot geglaubte Lea, die Tochter des Bischofs, durch Mephistos Blut in ein Wesen, das nicht länger menschlich ist …

Charaktere

Johanna Faust

Doktor Faust, die vor hundert Jahren gestorben sein sollte. Sie sucht die Körperteile des Dämons Mephistopheles, mit dem sie einen Pakt geschlossen hat. Sie ist unsterblich, aber mit jeder Verletzung schrumpft ihr Körper.

Mephistopheles

Der legendäre Dämon. Aufgrund der Sünde, einem Toten die Unsterblichkeit verliehen zu haben, wurde sein Körper in Einzelteilen versiegelt. Die noch fehlenden Teile sind der Kopf, der linke Arm und das rechte Bein.

Nico Bernstein

Johannas Tochter. Tatsächlich ist sie ein von Johanna erschaffener Homunkulus.

Marion

Ein freundlicher und wissbegieriger Junge. Er begleitet Johanna ungebeten auf ihrer Reise.

Die Inquisitoren

Vito

Lorenzos Partner. Betreibt Recherchen über Mephistopheles.

Lorenzo

Er verfolgt Johanna, um die Wiederauferstehung des Dämons zu verhindern.

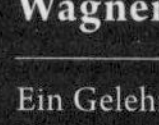

Wagner

Ein Gelehrter der Zauberei, der Johanna unterstützt. Er ist der Urenkel des Mannes, der an der Erschaffung von Nico mitwirkte.

Inhalt

FRAU FAUST

8

Hey ... sooft ich es auch versuche, es platzt jedes Mal.

PAMM

Ich habe sämtliche Literatur durchgeackert.
Hat Dämonenblut etwa nicht diesen Effekt?
TROPF

Mit so einem kleinen Tier funktioniert es nicht.
Es hat kein Gefäß, um die Unreinheit einzuschließen.

Unreinheit?

Lass das, das ist ekelhaft!
Ha ha ha!
BATSCH

Es muss ein ganz besonder-rer Körper sein.
Es muss ein Lebewe-sen sein, das Gott nach sei-nem Ebenbild geschaffen hat.

Kapitel 8
Eine Komödie

Lea ...?

Vater!

Kommt nicht näher ...
... Euer Exzellenz!
FWUSCH

Sie ist kein Mensch mehr.

Sie hat sich in ein Monster verwandelt.

Na, so was.
Sie ein Monster zu nennen, ist aber nicht nett.
FLAPP

Sie ist ein schönes Schwesterchen von uns rangniederen Dämonen.

Auch wenn sie noch nicht vollendet ist.

Iss deinen Vater.

TCH!

Meinen Vater?
Ja.

Dann wird sich dein Körper vom Mensch-sein lösen und du wirst keine Schmerzen mehr füh-len.
Und du wirst für immer mit deinem Va-ter zusam-men sein, verstehst du?

WOSCH
Ich verstehe ...!

Deine Mutter ist doch auch schon in dir.
PATT

Jetzt fehlt nur noch dein Vater.
Ja ...

ZING
Huch?
Onkelchen, das ist doch gefährlich!
FWUSCH
Du ...

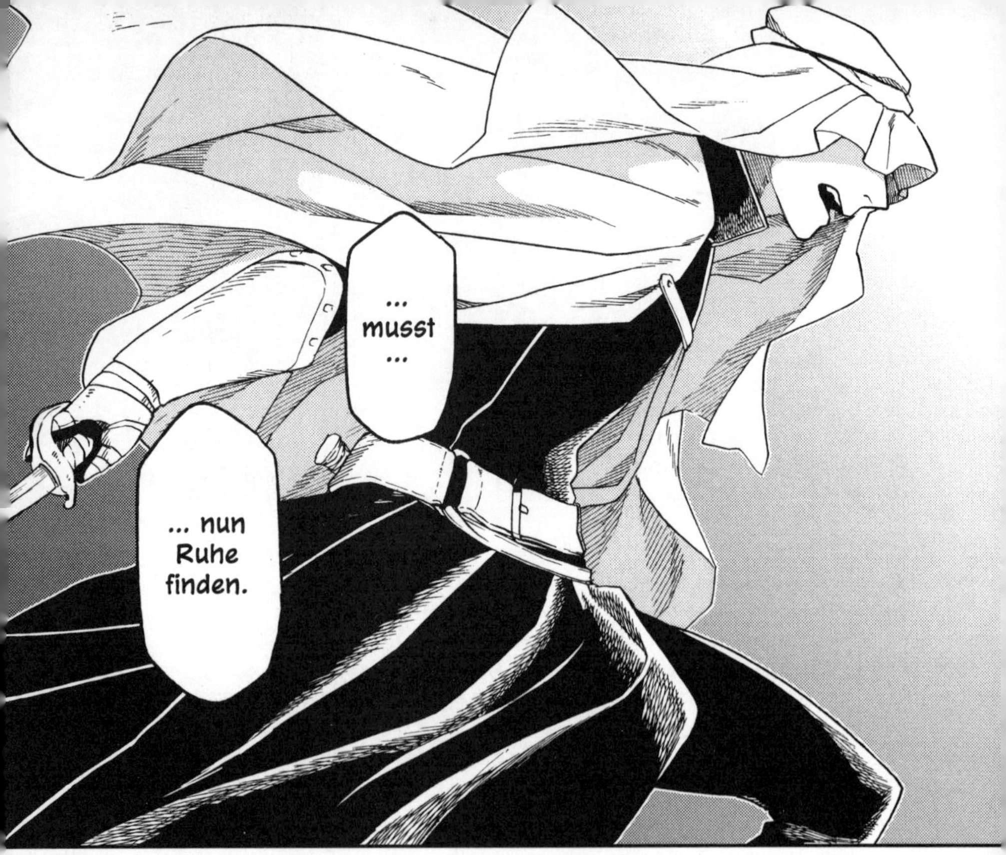

... musst ...

... nun Ruhe finden.

GRIPP
Marion, halt ihn in Schach!
Ja.
Lea …
Warum nur?
Ich wollte doch nur …
… dass sie wieder wie früher wird …
Es war …
… erneut vergebens.

Mach dir keine Gedanken deswegen, Anastasia.
Deine Gesundheit ist wichtiger.
Der Körper meiner Frau war zu schwach, um Kinder zu gebären.
Sie verlor jedes unserer Kinder und erfuhr schließlich, dass sie keine mehr bekommen könne.
Ruh dich gut aus.
Daraufhin wurde sie schwer krank.
Sieh nur, Liebling.

Mein Kind.

Sie hielt das Baby, das an jenem Tag vor der Kirche ausgesetzt wurde ...

... für ihr eigenes Kind.

Von Tag zu Tag verbesserte sich ihr Zustand.

Sie schien als Mutter zufrieden zu sein.

Ich war erleichtert.

Dann wurde ich Bischof der Kirche ...
... und war immer sehr beschäftigt.
Für die Sicherheit der Stadt waren etliche geschäftliche Entscheidungen erforderlich.
So anders.
Was denn?
Dieses Kind.
Sie ähnelt weder mir noch dir.
Warum bloß ...?

Du täuschst dich.

Es kommt vor, dass die Kinder nicht den Eltern, sondern den Großeltern ähneln.
Nicht wahr?

Ich habe einen Fehler gemacht.
Richtig ...

Vielleicht hast du recht ...
Doch meine Frau war keines-wegs be-ruhigt.

Mutter.
KLACK
Sieh mal! Ist das nicht toll?
Hier, das Schloss im Bilderbuch!
TAPP TAPP TAPP
Mutt ...
Du ...
Sag schon ...
Du bist nicht mein Kind, oder?

Wer ...
... bist du?
SKRIEK
Anastasia?
Anastasia, ich komme herein ...
Ich habe sie heute noch gar nicht gesehen ...
TACK
TACK
TACK
Oh, Liebling ...
Ist dieses Kind nicht furchtbar?
Sie hat sich als meine kleine Lea ausgegeben.
Wie grausam.

Ah.
TSCHACK
Stimmt.
Ich werde sie hier nicht finden können.
Ich muss sie suchen gehen.
Gehst du mit mir zusammen Lea suchen?

FWIPP

ZOPP

FLAPP

FOMPP

SST

Lea
...?
Bist
du am
Leben?!

Du meine Güte.
Was für eine missliche Lage.
Das arme Ding.
Dabei ist die Kleine vollkom- men un- schuldig.

Ein ...
... Dämon ...?
Wollen wir uns unterhalten ...
... Euer Exzellenz?
Und deswegen hast du einen Pakt mit einem Dämon geschlossen?
Meine Frau war bereits tot und nicht mehr zu retten, aber Lea ...
Ich ...
Ich wollte es ungeschehen machen.

Solange Lea überleben würde, würde die Sünde meiner Frau ... ihr eigenes Kind getötet zu haben, ungeschehen gemacht.

Selbst wenn die Sünde ihres Selbstmords bliebe ...

GRIPP

Das soll der Grund sein?

Die Sünde deiner Frau?

Wohl kaum. Was du rückgängig machen wolltest, war dein eigenes Fehlverhalten, oder?

Du wolltest deinen Fehler tilgen, habe ich recht?

Du wolltest nur die Realität ungeschehen machen, vor der du die Augen verschlossen hattest.

Oder bist du dir deines eigenen Vergehens nicht einmal bewusst ...?
Dass du deine verdrehte Familie unter dem Vorwand der Geschäftigkeit sich selbst überlassen hattest?
Und schließlich auch noch deiner Tochter so etwas anzutun ...
Du bist eine Schande für einen Bischof!
Du hast gut reden!!
Doktor Faust, du lebst auch nach hundert Jahren noch!!
Jemand, der nicht stirbt, versteht nicht den Schrecken des Verfalls!
Alle Lebewesen sterben!
Alle Menschen! Alle Tiere!!
Gerade deswegen klammern sie sich ans Leben ...
... und versuchen das Beste daraus zu machen ...!!

Ein Weg ohne ein Ende in Sicht ...
... ist hingegen einfach nur bitter ...

Also ...
Ich verstehe das irgendwie.
Wenn etwas plötzlich zerstört wird, das man für beständig gehalten hat ...
... macht einem das entsetzliche Angst.

Du hast deine eigene Seele verkauft ...
... für das Leben einer anderen Person. So etwas zustande zu bringen ... ist beeindruckend, finde ich.
Marion.

Aber ...

... sollte man sein Kind ...
... selbst wenn es nicht sein leibliches Kind ist ...
... andere Menschen essen lassen?

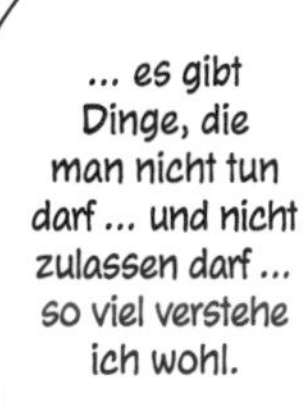
Aber so bemitlei-denswert dieses Kind auch sein mag ...
... es gibt Dinge, die man nicht tun darf ... und nicht zulassen darf ... so viel verstehe ich wohl.

Ich ... habe keine Ahnung von Gut und Böse.

...

Ich kann es nicht er-tragen so etwas ...
... mit anzuse-hen ...

Oh Gott.

Gütiger Gott ...

SSS

Bitte vergib mir ...

Du kannst dich bewegen, ohne aufzufallen.
Übernimm du das.
...!
A... Aber ...
Du bist dafür am geeignetsten!
Diesen Kampf hier kann ich weder dir noch ihm überlassen.
WAPP
KLACK
KLACK
KLACK
カラカラカラ
Onkelchen.
Ich werde so langsam müde.
Wollen wir mal damit aufhören?

Nur ihr Herz ist noch unverändert ... das eines Menschen.
Ich muss darauf zielen.
DODOMM
DODOMM

...!

Lenk sie ...
... weiter ab.

Zauberei?
Mit meinem Partner kann ich diese Methode nicht benutzen.
TSCHING
Auf keinen Fall ...
... kann ich zulassen, dass du andere isst.
ZUPP
TAPP
Jetzt oder nie ...

WAMM
Keine Sorge, Onkelchen.
KLACK
Du und dein Freund …
… ihr werdet in meinem Bauch wieder vereint sein!
SWUSCH

Ah ...
KRACK

Nanu?

SLIPP
Das tut ...
... weh.

Uh ...
Uuh ...
DOMPP
Dich trifft keine Schuld.
SPLISCH
Aber du musst jetzt endgültig sterben.
PATT
Du solltest zu deinem Gott beten.
Dein Gott ...
... mag Leute, die beten. Vielleicht bringt es was.
Wirk-lich ...?

KRICK
KRACK
Mir ist kalt ...
Ich will ... zu meiner Mutter ...
KNACKS
KNACKS
KRACK

KLONK

Ach je.
Das war wohl nichts.
Dann bin ich wohl in der Unterzahl.

Der Vertrag wurde nicht erfüllt, ich löse ihn auf.
Glück gehabt, Euer Exzellenz.
Uh.
Uh …
!…
Dann werde ich mich mal auf die Suche nach einem neuen Zeitvertreib machen.
Willst du mich nicht aufhalten? Herr Inquisitor?
Unser Aufgabenbereich sind die Menschen …

Hmm ...?
Dafür bist du aber nicht sonderlich aufmerk-sam, nicht wahr?
TAPP
TAPP
TAPP
...!
WUPP
!!

Gute Arbeit ...
... Herr Inquisitor.
FWAPP

STILLE

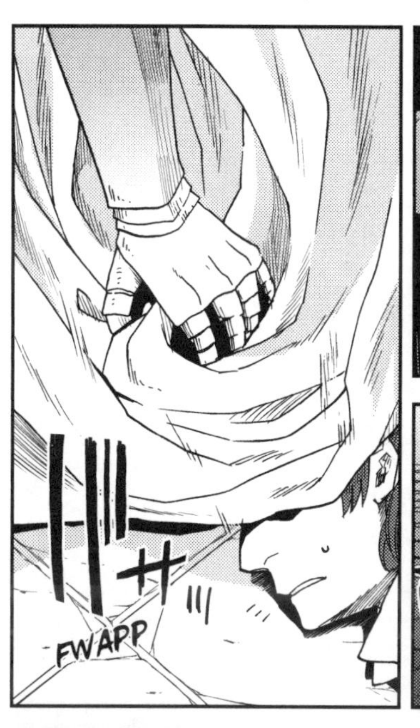
FWAPP

Puh ...
FLOMPP

Solo ist es ...
... leichter.

Gut gemacht, Marion.

Ich fühl mich wie ein Dieb ...
Was redest du da? Wir flüchten zwar, aber es ist un-ser Sieg. Wozu unnötig Kraft verschwen-den?
Nur noch zwei Teile ...

Hinter den Kulissen
Cool, oder?
Und wie!

Beim Anpassen
der Rollentexte
Uh
hu
hu.
Oh
...

Der Bischof ist krank?
Es kommt ein neuer Bischof aus dem Erzbistum.
So krank wirkte er gar nicht …
RATTER
KNARR
RATTER
RATTER

RATTER
RATTER
RATTER

Kapitel 9
Ihr Scheideweg

Du siehst ja übel aus, Vito ...

Tja ...

Als ich hörte, dass du ein Bekannter von Lorenzo bist, habe ich mir jemanden mit mehr Schneid vorgestellt.

BATSCH

Uff!

Gerald, hör auf ... Er ist verletzt.

Ah, entschuldige!

Ich war überrascht, was hier in meiner Abwesenheit los war.

Unfassbar, dass sie es auf den versiegelten Dämon abgesehen hat ...

Ach, wir treffen uns zum ersten Mal, richtig?
Sehr erfreut, Vito, ich bin Luciana.
Und ich ...
... bin Gerald, freut mich.
Wir waren die ganze Zeit am äußersten Rand des östlichen Bistums.
Ein Zauberer hat Kinder für eine Wundermedizin missbraucht und Ketzerei betrieben.
Wir haben ihn beseitigt, damit er keinen Ärger mehr macht.
seitigt ...
Und die Neubesetzung ...?
Weil ertappte Ketzer im Wesentlichen dem Inquisitionsverfahren unterzogen werden ...
... kommen in den Kerkerturm eigentlich nur diejenigen, die man nicht einfach beseitigen oder töten kann.
Wie Adlige oder Vertreter der Regierung.
......
Das muss dich vorhin überrumpelt haben.

Der Kerker-
turm ...
Es würde uns helfen, wenn Sie anfangen würden zu reden.
KRIEK
Es ist unverzeih-lich, sich als Oberhaupt der Priester von einem Dämon verführen zu lassen.
Aber je nachdem mit welchen Mitteln Sie verführt wur-den ... etwa unter Zwang ...
Bischof Arnold.
...
... wäre zumindest eine Be-gnadigung denkbar.

Als ehemaliges Oberhaupt des Bistums ...
... müssen Sie Standhaftigkeit zeigen.
Ich ...
... habe meine Tochter zum zweiten Mal getötet ...
... und auch meine Frau.
Ich habe mich von den Worten eines Dämons verführen lassen ...
Aber der Dämon ... war nicht böse.
Ich selbst ... habe alles ruiniert ...
Arnold, geben Sie mir endlich mehr Details ...
SKRIEK
Lass gut sein, Basilio.
Es ist Zeitverschwendung, diesen törichten Mann weiter zu befragen.

Ehrenwerte Olga ...!
Olga?
Die Leiterin der Inquisition.
Früher war sie selbst als Inquisitorin am Ort des Geschehens tätig ...
Ich habe gehört, sie verlässt kaum das Haus ...
Wie erbärmlich, Arnold.

Abgesehen davon, dass du einen Dämon benutzt hast, hast du dich auch noch benutzen lassen ... du törichter Mann.
Wir sind Menschen.
Es ist uns nicht gestattet, den Kopf wegen eines unmenschlichen Wesens hängen zu lassen.
Überdies wurde ein Körperteil des Dämons gestohlen, der versiegelt sein sollte.
Nur zu, wenn Sie mich bestrafen wollen, Olga.
Das ist schließlich Ihre Dienstpflicht.
...?
Du verstehst hier wohl etwas falsch.
WUPP
TSCHACK
GRAPP
WONK
Ich weiß nicht, welche Hölle du kennst, aber ...

Du wirst in meiner Hölle schmoren.
KATSCHOCK
AAAAAAAAAAAAAAAH
...!!
Wie kämen wir denn dazu, jemandem mit einem Todeswunsch beim Sterben zu helfen, Arnold?
Luciana, versorg ihn gleich so weit, dass er uns nicht wegstirbt.
Jawohl.
GOTOMM
FLUMPP
SPLITSCH

Du hast Schwächere für deine Zwecke missbraucht.
Du hast die Seele deiner Tochter besudelt.
Du hast deine Frau wegen der Sünde des Selbstmords in die ewige Ödnis verbannt.
Ich lasse dich nicht einfach mit dem Tod davonkommen.
Du wirst in diesem Kellerloch ...
... bis zu deinem Tode umherkriechen, ohne auch nur irgendetwas tun zu können.
Basilio.
Ja.
Mephistopheles' linker Arm ist anscheinend vorhin hier eingetroffen.

Obwohl wir ihn in so viele Ei zelteile zerle haben, kon ten wir nur e nes davon wiedererlangen.
Sei wachsam ...!
Er darf ihnen unter keinen Umständen in die Hände fallen.
Geh und stelle den Arm sicher!
Ich muss noch woandershin.
Verstanden.
Lorenzo.
Ihr wart darin verwickelt, korrekt? Seid ihr verletzt?
Mein Partner ...
Verzeiht meine Unzulänglichkeit.

Verstehe.
Seid vorsichtig.
TOCK
TOCK
TOCK
Was für eine furchterregende Person ...
»Er darf ihnen unter keinen Umständen in die Hände fallen.«
Weiß sie, warum der Dämon versiegelt wurde ...?
Wir haben aufgegessen, wollen wir gehen?
Vito ...
Vito?
Hm?

Nanu, wo ist Lorenzo?
Er ist vorausgegangen, um zu bezahlen.

Also wirklich, er ist derart sprunghaft ...
KLAPPER
Von wegen zusammenarbeiten ...
Vito ...
Wurdest du wie ich in die Aufsichtsbehörde versetzt, weil du ein Bekannter von Lorenzo bist?

Lorenzo redet nicht viel und scheint auch keinen Wert darauf zu legen, mit anderen auszukommen.
Wie habt ihr euch kennengelernt?
Ach ... wir haben als Kinder mal zusammen gespielt.
Aber wir stehen uns nicht so nah, dass ich uns als Freunde bezeichnen würde.

Trotzdem ist er anscheinend wichtig für dich! Erzähl doch m...
Hör auf, Luciana!
HMPF
GRMPF
Warum denn? Erzähl mir wenigstens, warum er sein Gesicht versteckt ...
Es ist unsere Arbeit, Böses aufzudecken, aber mit seinen Kameraden macht man das nicht.
Frag ihn nicht so aus.
Hmpf ...
Vito.
Steh ihm gut zur Seite.
Er ist vielleicht nicht einfach, aber ein guter Kerl.

Hm ...
RASCHEL
Er fühlt sich wohl einsam.
TAPP

RASCHEL

Steck mir keine Zettel in die Kapuze.
Was, wenn ich ihn nicht bemerkt hätte?
Hast du doch.
Schon, aber ...

War es hier?
Wo wir uns das erste Mal begegnet sind?
SWUPP

Hm.

Erstaunlich, der Grabstein ist immer noch da.
Ich stelle jedes Mal einen neuen auf ...
... wenn er entfernt wurde.
Du?
War es ein Kätzchen oder ein Vogel?
Eine Katze.
Ach ja.

Ist das heiß ...
Als ob man alleine das ganze Unkraut hier rupfen könnte.
Dieser blöde Direk-tor!
NNNGH
Wenn Papa und Mama noch leben würden ...
... würden sie mir Brot-backen und so was bei-bringen.
TAPP
Den habe ich hier noch nie gese-hen.

TAPP
TAPP
RASCHEL
Hey!
Was machst du denn da?
Wieso siehst du so zerlumpt aus?
Hmm.
Das passiert doch oft.
WUPP
Die Katze ...
... wurde von einer Krähe angegriffen.
Du ...
Bist du blöd, warum gräbst du mit bloßen Händen?
Da!
FWUPP
?!
Ich wusste nicht ...
... wo eine Schaufel ist.

Frag halt den Gärt-ner ...
Andererseits wäre das wohl eher vergebene Müh, er würde sie dir sowieso nicht leihen.
Meine Ausbil-dung ...
Hm?
Wenn ich groß bin ...
... muss ich ein Inquisitor werden.
ZOPP
Wegen meines vielen Un-terrichts sehe ich so aus.
ZOPP
ZOPP
Er ant-wortet nur zögerlich, aber er ist ehrlich.
Tut das nicht weh?
ZOPP
ZOPP
Nein ...

Wenn ich was anderes sage, werden sie böse ...
SST
Ich helfe dir.
Dann sind wir Freunde.
Ich würde dich ja gern darum bitten ...
... aber du wirst bestimmt schnell müde werden.
Ich werde dein Freund und dafür schwänzt du mit mir.
Ich brauche keine Freunde ...
Was?

Wenn ich einen Freund finde, wird ihn mir ein schlimmer Mensch wegnehmen.
Also brauch ich keine Freunde ...
TSCHILP
Dann ...
... helfe ich dir nicht.
SWUPP
ZOPP
ZOPP
ZOPP
ZOPP
Ähm ...
Äh?!

Ich mach das nur, weil ich's will.
Dann sind wir eben Bekannte.
Klar?
Ja ...
GRIPP
Er ist nicht mehr so niedlich wie damals ...
Und?
Warum hast du mich hergerufen?

……
Ich dachte, ich sollte es dir sagen.

Schließlich sind wir Freunde.

FSCHHH

WINK
...?

Dort ...
... wird meine Schwester gefangen gehalten.
Anastasia?
Was ist denn?
KLACK

Das monatliche Versprechen mit meinem großen Bruder.

Wenn niemand da ist ...

... winkt er mir einmal von dort zu.

Obwohl wir uns seit dem Tod unserer Mutter schon lange nicht mehr getroffen haben.

Er scheint einen Freund gefunden zu haben.

Wie schön ...

Danke, Noemi.
KNARR
ギィ…
Anastasia.
Bist du wohlauf?

Tante Olga ...
Ich habe dich lange warten lassen ...
Aber nun habe ich genau die richtige Aufgabe für dich gefunden.

KLAPPER
RATTER
KLAPPER

RATTER
RATTER
Hey …
Alles in Ordnung?
Ich … fahre …
… zum ersten Mal …
… in einer Kutsche.
UMPF
Auf dem Kutschbock bist du abgelenkt, geh nur.
KLAPPER
RATTER
KLAPPER

Ich bin in meiner Flasche.

Das ist nicht viel anders, als meinen Körper zu bewegen.

PLITSCH

Beneidenswert ...

In dieser Stadt gibt es nichts Gutes mehr für mich.
In der Stadt, in die wir jetzt fahren, wird es für mich leichter sein zu leben.
Und Nicos Ersatzteile gibt es nur dort ... also, was soll's.
Ach ja.

KLAPPER
RATTER
Außerdem wurde Nicos Außenhülle dort angefertigt.
...!
Weißt du, mein Urgroßvater ...
... hat mit Faust früher gewisse Forschungen betrieben.

Darüber, ob man Leben von Menschenhand erschaffen kann.
Nach Dutzenden und Hunderten von Versuchen ... wurde zufällig Nico geboren.
Um die Leute zu täuschen, wurde damals Nicos Außenhülle gebaut.
Außer ihr schlugen alle Experimente fehl, aber ein Erfolg ist ein Erfolg.
Ihre Neider verbreiteten, dass es gotteslästerlich wäre.
Als die Inquisitoren kamen, blieb meinem Urgroßvater und Faust nichts anderes übrig, als zu verschwinden.
Das ist die Geschichte, die ich über die damalige Zeit gehört habe.
Ich wurde mit solchen Geschichten aufgezogen, die wie Märchen scheinen.
Deswegen bin ich am Ende so ein zwielichtiger Zauberer geworden.
RATTER
RATTER
Soll ich jetzt lachen ...?

Es ist schon hundert Jahre her, dass ihr Körper kreiert wurde …
Also musst du dir darüber keine Gedanken machen.
…
Auch wenn das nun nicht passiert wäre, hätte man ihn eh bald austauschen müssen.
Wie viel wissen Sie eigentlich?
Ich bin voller Unwissenheit.
Aber ich kann Schlüsse ziehen.
Schlüsse?
Schließlich erzählt Faust kaum etwas von sich …
… und über die Dämonen gibt es noch mehr Unklarheiten.

Sie sind Wesen, die mit Menschen Verträge schließen.
Sie verführen die Menschen auf verschiedenste Arten und drängen sie zu Verträgen.
Meist verlangen sie als Gegenleistung die Seele des Menschen.
Anscheinend gibt es sogar bei den Seelen eine Rangordnung.
Je rechtschaffener und ehrlicher ein Mensch ist, desto anziehender wirkt seine Seele offenbar auf die Dämonen.
Was machen sie denn mit den Seelen ...?
Manche sagen, sie würden sie fressen und ihnen Schmerzen bereiten, andere sagen, sie würden sie bewundern.
Es heißt, wer sich einmal mit einem Dämon einlässt und einen Pakt mit ihm schließt ...
... dessen Seele kann nie wieder zu dem Ort ihrer Wiedergeburt zurückkehren.
So sagt man und dennoch ist Faust wieder zum Leben erwacht.

Also wurde sie verflucht und ist nun hier.
...?
Aber das ist nur meine Schluss-folge-rung.
Ist es nicht eine sehr, sehr simple ...
... hundert-jährige Ge-schichte?
Dämonen sterben nicht.
Man mag sie in noch so winzige Teile zerschneiden und diese ver-siegeln, irgend-wann kommen sie zurück.

Hast du schon einmal darüber nachgedacht ...
... warum die Kirche sich so vergeblich bemüht?

RATTER
RATTER
RATTER
RATTER

Outtake
HATSCHI
Und Cut!
BZZM

Waah...
Hinter den Kulissen
Ieks!
Gru-selig...

SSST
WIEHER
!
RUMMS
!

Die Stadt ist gleich da vorne, aber die Tore sind geschlos-sen und ihr könnt nicht hinein.
Wartet.
Du bist doch hier, Faust?
RASCHEL

Wollt ihr nicht auf einen Tee vorbeikommen, bis die Tore wieder öffnen?
SKRIEK

Sara ...!
Wunderbar, ich wollte dich sowieso als Erstes besuchen.
TAPP

Johanna, wer ist das ...?

Die Puppenmacherin Sara.

Sie war diejenige, die mir beigebracht hat, ie man Nicos Körper ... also eine Puppe herstellt.

Kapitel 10
Ein Freund aus vergangenen Zeiten

Wie viele Jahre ist es her?

50 Jahre? 80?

Du bist ganz schön geschrumpft.

Und du lebst jetzt mitten im Wald?

Ihr seid also immer noch zusammen.

Dann haben Sie auch einen Pakt mit einem Dämon ...?

Nein.

Gib's auf, so war sie schon vor 100 Jahren.
Oje ... die Arme ist ja schwer beschädigt.
Ent-schul-dige, Sara.
Schon gut.
Die beschädigten Teile sind schließlich ein Beweis, dass du richtig lebst und dich bewegst.
Außerdem halten sie für gewöhnlich auch keine 100 Jahre, ohne ausgetauscht zu werden.
Du benutzt und pflegst deinen Körper sorgsam.
KNARR
Ich werde dir für die nächsten 100 Jahre gute Teile aussuchen.
Vielen Dank.

Danke, Sara ... Wird das reichen?

Ich würde gern sagen, dass ich es nicht brauche ...

... aber ich nehme es dankend an. In letzter Zeit habe ich weniger Bestellungen.

Das beweist nur, dass ich gute Arbeit leiste.

Hu hu!

Hi hi hi!

Hi hi hi!

Hey, ihr da.

Würdet ihr die Schlafplätze und das Essen vorbereiten?

BZZM

FWUSCH

SWUPP

KLONK

HOPP HOPP

Wow ...

HOPP
HOPP
HOPP

Marion, richtig?

Hast du noch keine Puppen abgesehen von Nico gesehen?

N... Nein.

Verstehe ... Dann lass mich dir was zeigen!

Was?

Komm mal mit.

Tadaa!

Es ist vielleicht ein klitzekleines bisschen gruselig, aber komm nur herein!
Fass sie ruhig an. Manche sind ganz glatt und manche weich.
Ah, aber nicht den Unterbau, das sind feinmechanische Bauteile.
SKRIEK SKRIEK
Hm.
FWIPP
Du fertigst auch Golems an?
Ist eine Großbestellung.
Für das Innenleben benutze ich erstklassigen Lehm aus den Sümpfen beim Roten Meer und für die äußere Hülle habe ich nur die besten weißen Kiesel kommen lassen und mit meinem Operationsverfahren fein gemeißelt, um sie widerstandsfähig zu machen, das war schwierig, aber da vertrau ich meinen Fähigkeiten, weißt du?
Schon gut, ich hab's ja verstanden.

Ich kenne deine Fähigkeiten sehr gut.
Er ähnelt deinem früheren Ich, dieser Marion.
So naiv wie er war ich nicht.
Lügnerin.
Du hast in der Stadt behauptet, ein Mann zu sein, um die Universität besuchen zu können.
Du hast bei jedem Buch und in jedem Kurs genau das gleiche Gesicht gemacht.
....

Das Tor wird morgen früh wieder geöffnet, also ruh dich nach dem Essen aus.
Ihr wart sicher einige Tage in der Kutsche unterwegs.
Danke.

Man hilft sich gegenseitig in der Not.
So war es bei uns doch schon vor 100 Jahren, oder?

HUUH
HUUH

FLOMPP
Wagner ... Wussten Sie von Sara?
Nein.

Da Faust länger lebt als andere Menschen, kann man nicht ihren gesamten Freundeskreis kennen.

Wenn du weder das Selbstvertrauen noch die Fähigkeit hast, sie vor einer Enthüllung zu schützen ...

... ist es zu deinem eigenen Besten, nicht alle Geheimnisse aufzudecken.

Und ...
... Geheimnisse haben auch schon mal die Tendenz, recht banal zu sein.
Wie?
Lass uns jetzt endlich schlafen. Aaah ...
Ich bin todmüde.
Danke, dass Sie uns gefahren haben.
FLUMPP
Die Hauptstadt der Wissenschaften ...
Was für eine Stadt ist das wohl?

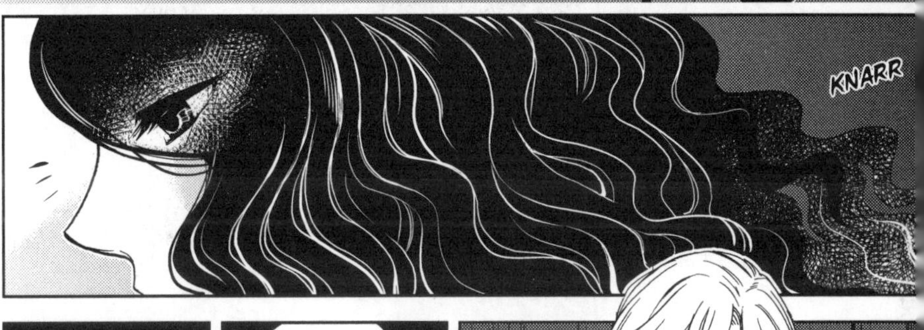
KNARR

BATAMM
Oje, kannst du immer noch nicht schlafen?

Ich muss meine Kleidung ausbessern ... Ich werde von den Pfaffen verfolgt.
...
Ich sollte zumindest meine Kleider ändern.
Oh?

Übrigens, ich habe sie mir angesehen, die Teile und Materialien habe ich.
Wenn ich das Fehlende nach eigenem Ermessen auswähle, wird es schon gehen.
Hm.

Du solltest vernünftig schlafen, du bist winzig.
Hm.
Nun.
Du hast schon immer wenig geschlafen ...
Aber dass du Flickarbeiten machst ...!
Menschen ändern sich ...
Was denn ...?
Keine Sorge, es tut nicht mehr weh.
Ich habe nichts gesagt.

Zeig mal her.
Los!
TOCK
TOCK
KRIEK
KRIEK
KLACK
KRIEK
SKRIEK
SKRIEK
PLOPP
PLOPP
KLONK
KLANK
KLICK
SWIPP
Hmm ...
Be-eindru-ckend!
FWUPP
る
FWITSCH

Ooh...
He he he!
Das von dir zu hören, ist das größte Lob überhaupt.
All deine Körperteile vom Hals abwärts?

Das ist geheim.
Sagen wir einfach, die Herstellung der Sprechorgane war ziemlich schwierig.

Seit wann?
Hmm ... Der ganze Körper etwa seit 60 Jahren.

Aber es war schrecklich, als ich vor 20 Jahren den Inquisitoren in die Hände fiel.
Dank Asmodeus ist es irgendwie gut gegangen.

Obwohl ihr keinen Vertrag habt ...?
Ja, den haben wir nicht.
......

......

Hu hu.
Weißt du, Asasel ist in mich verliebt.
Stimmt nicht.
Du Lügner.
Ein Dämo würde sic niemals i einen Men schen ver- lieben.
Sie wissen nur, wie man sich mensch- liche Gefühle zunutze macht.
Du wurdest einfach von einem sehr penetranten Exemplar aufgespürt.
Wo ist denn dein Dämon gerade ...?

Wer weiß, er taucht auf, wenn ihm danach ist.

Er ist eigensinnig ...
Deswegen muss ich schon seit 100 Jahren herumwandern.

Wie viele Male bist du gestorben?
Ah ... wenn ich mich nicht irre, müssten es so 43 Mal gewesen sein.
Ich kenne meine Todestage.
Hol uns Wein.

Wah, du bist ja eine Greisin.
Dein Äußeres täuscht!
Du bist doch genauso eine alte Tante. Wir sind der gleiche Jahrgang.

Na, immerhin können wir jetzt mal wieder zusammen trinken.
So schlecht ist unser abnorm anges Leben vielleicht gar nicht?

Ich könnte darauf verzichten ...

ZWUMM
Das ist nur Tee, oder?
Du verträgst doch keinen Alkohol.

RATTER

Wow ...!

Wie lebhaft es hier ist!

KLAPPER

KLAPPER

Wenn die Tore öffnen, kommen gleichzeitig auch die Pferdewagen aus der Umgebung mit Fracht und Waren.

Wegen der Universität gibt es hier viele junge Menschen und die unterschiedlichsten Leute wie Handwerker, Händler und Reisende.

KLONK

KLANK

KLONK

RUMPEL

RATTER

Nico, kannst du alles sehen?

Ja, alles in Ordnung.

Kommt mit, ich zeige euch was.
Ein Golem ...?
Sie sind überall in der Stadt.
Nanu, Sara! Deine Begleiter kenne ich ja noch gar nicht.
Ja.
Das sind Freunde von früher.
Hallo, Sara.
Ach, Sara, lange nicht gesehen.
Könntest du demnächst mal nach unserer Ammenpuppe sehen?
Du bist sehr beliebt.
Na ja, ich bin eben geschickt.
Sind die Golems hier auch von dir?
Ja, das war eine Sonderanfertigung.
Sie sind wichtig ...
... für die Freiheit dieser Stadt, wisst ihr?

Das ist
die freie Stadt
des Handels,
Athena.

Sie wurde nach der antiken Göttin der Weisheit und des Kampfes benannt.
Wow ...!
In dieser Stadt versammeln sich alle möglichen Kulturen und Künste der benachbarten Länder und Städte ...
... und bringen etwas Wertvolles hervor.

...
Und außerdem ist es die Stadt, in der die Kleine hier zu »Doktor Faust« wurde.

Zu Doktor Faust ...?
Genau, die aus den Geschichten.

Hey.
Hu hu hu.

Wisst ihr, als sie herkam, konnte sie weder Wein noch Bier trinken. Könnt ihr das glauben? Nach einem Schluck wurde ihr Kopf knallrot.
Hey!
Idiotin!!
Hör auf damit!!!
Gewonnen.
Ich vertrage Bier!!

Die Geschichten sind unglaubwürdig.
Das hier ist die Echte!
Verflucht ... Dabei warst du früher so eine Heulsuse.
Gleichfalls!
Hi hi!
NGH

Ah, Johanna? Wohin gehst du?

SWIPP

Kommt beim Mittagsläuten in Eriks Laden.

FLOMPP
Puh ...! Ich bin erledigt.
Pause.
Ähm ...
Ja?

....
Mist, ich habe angefangen zu sprechen, bevor ich richtig nachgedacht habe.

Hu hu hu.
Willst du mehr über mich und sie wissen?
TOCK

Im Gegensatz zu ihr hast du durchaus Interesse an anderen Menschen.
Gestern dachte ich, du würdest ihr ähneln, aber das nehme ich zurück.

Weißt du, sie liebt ihre Observationen und Forschungen über alles!
Aber sie würde nie aus eigenen Stücken versuchen, eine Beziehung zu anderen aufrechtzuerhalten.
Trotzdem, sie ist gutmütig, dickköpfig und ... närrisch, nicht wahr?
Ja, ihr seid euch überhaupt nicht ähnlich! Du scheinst aufrichtig zu sein.
Ist das ein Lob ...?

Sie kennen sich wirklich schon lange, oder?
Ja.

Lass mich dir eine Geschichte erzählen.
Die Geschichte vom berüchtigten »Doktor« ...
... dem Dämon ...
... und dem Homunkulus.

SST

FUOOOH
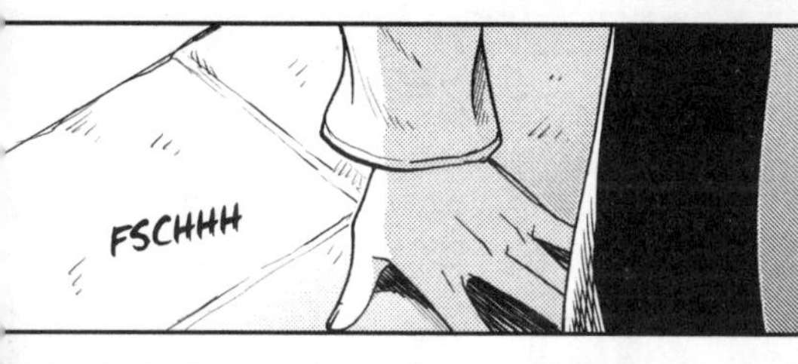
FSCHHH

...st.
Faust!
Hey! Faust!!
ZUCK
Was denn, Daniel?

Ich lese gerade einen Aufsatz zur Vorlesung.
Was ...?! Etwa den über die neuesten archäologischen Funde?
Darum geht es jetzt gar nicht!
Er wurde geboren! Er bewegt sich!
Ich hab gesagt, dass ich schon mal zu dem Thema geforscht habe, deswegen wurde ich um die Korrektur gebeten.
Erzähl mir nachher alles!
Quatsch!
Er hat in der Lösung die Form eines Embryos angenommen.
In Kolben Nummer 524!!
518
FWAPP

Ein Homunkulus ...!
BLUBB

Nach dem Shooting
...
Ich freu mich, dass ich deine Stimme heute so oft hören konnte.

Hinter den Kulissen
Zwei Rollen für einen?
Die Charaktere sind komplett unterschiedlich ...

11
Mitbewohner willkommen.
Untermieter gesucht.
Halbe Miete.
Hier sind so viele Leute, also such dir jemand anderen, der sich von dir verführen lässt.
Unglücklicherweise werde ich keinen passenderen Vertragspartner als dich finden.
Hey.
…!
Hör endlich auf damit! Folg mir nicht!
Du bist gerade erst in die Stadt gekommen, oder?
Wollen wir uns nicht ein Zimmer zur Untermiete teilen?
Schließlich befinden wir uns beide in der Gewalt eines Dämons.

Kapitel 11
Unvergessliche Tage

Oooooh ...

Unglaublich! Er hat die gleiche Form wie die präparierten Embryos!

Großartig!

Wie war seine Zusammensetzung?

War das nicht dieser eine verzweifelte Versuch ...?

Ja. Tja ... was soll's.

Irgendwann musste ja mal ein Treffer dabei sein ...

Wie dem auch sei, es ist uns gelungen, dass er Form annimmt!

Jetzt stellt sich die Frage ob wir ihn auch aufziehen können.

Danke, Faust.

Dank deiner Mitarbeit sind wir nach fünf Jahren so weit ...

WOPP

Ich habe nur mitgemacht, weil deine Forschungen so interessant schienen, Daniel.

Früher oder später hättest du das auch allein geschafft.

Dennoch hast du mir dein Wissen zur Verfügung gestellt.
Ich danke dir.
Gern geschehen.
Dann werde ich mich mal eine Runde aufs Ohr hauen.
Solange er sich nicht weiterentwickelt, können wir sowieso nichts tun.
Glaubst du, dass er »allerhand Kenntnisse« hat, wie es in den Überlieferungen heißt ...?
KNARR
Erinnerst du dich an die Zeit im Leib deiner Mutter?
Nein.
Ich denke, das wird hier ähnlich sein.

SLRRT
Mephisto ...?
Was denn, Faust?
Wir gehen nach Hause, oder? Hast du einen Befehl für ...

Es hat endlich geklappt ...

Sara …
Du bist schwer. Mir tut der Kopf weh.
RUTSCH

Na, weißt du eigentlich, wie viele Tage du schon nicht mehr zu Hause warst?!
Ich war die ganze Zeit einsam und ängstlich!
Ich dachte, du wärst tot!
Ängstlich …?
Ist er etwa immer noch hier …?
Dieser Dämon?
KNARR

Für jemanden, der selbst einen Vertrag hat, bist du einem Dämon gegenüber sehr schroff.

Gerade weil ich einen solchen Vertrag habe, bist du mir zuwider.

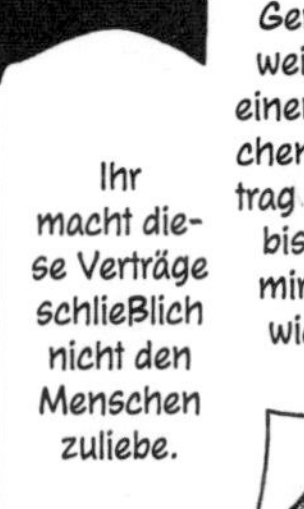

Ihr macht diese Verträge schließlich nicht den Menschen zuliebe.

Ob das wohl auch in deinem Fall gilt?

Genau, Faust.

Mephisto.

Menschen haben die Angewohnheit, alles für ihre Wünsche zu tun.

Jedenfalls darfst du nie einen Pakt eingehen, Sara!

Wenn du dich nicht von ihm beschwatzen lässt, kann er dir auch nichts anhaben.

Das weiß ich, ohne dass du es mir jedes Mal sagen musst.
Du verdrehst mir immer die Worte im Mund!

KNARR

Du bist noch besser geworden in der Herstellung von Puppen.
Eine Bestellung? Sie ist beweglich, oder?

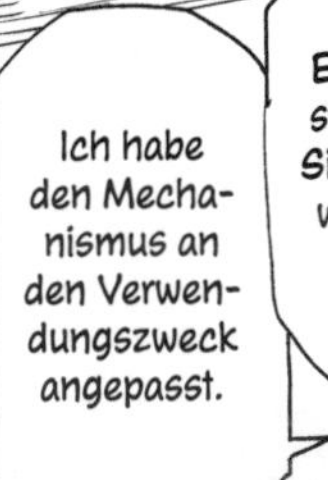
Ich habe den Mechanismus an den Verwendungszweck angepasst.

Der Mechanismus könnte mir noch gelingen, aber die Außenhülle ...
... auf keinen Fall.
Gerade das ist meine Stärke.

Warum macht wohl jemand aus dem Osten eigens bei dir eine Bestellung?
Wenn du das fertigstellst, musst du dir nicht mehr mit einem Fremden eine Absteige teilen.

Das ist ein Geheimnis ...

Nun.
Es war mein Glück, dass du hierher gereist bist.
Schließlich kann man nur selten einer Puppenmacherin bei der Arbeit zusehen.

Ist das wahr?
Ja.

Uns kam zu Ohren, dass in der Universität dieser Stadt viele Leute unliebsame Forschungen betreiben, also wurden einige hergeschickt.
Aber zwei Studenten haben dem Fass den Boden ausgeschlagen.
TOCK
TOCK
TOCK
Ein Homunkulus ... Ich habe es immer für Fiktion oder eine Legende gehalten, aber dass sie tatsächlich einen erschaffen haben ...

TOCK
Es wird nur wieder eine Legende sein.

Es ist Gotteslästerung, wenn Menschen gottesgleich Leben hervorbringen.

Diese schmutzige Tat kann nicht zu Staub werden.
Aber ich lasse sie zu Asche werden.

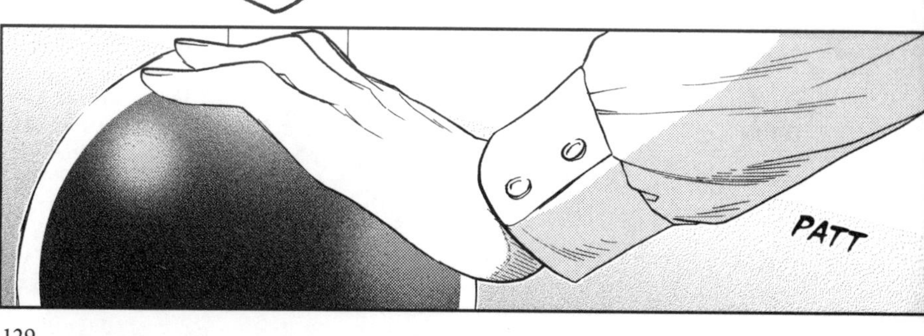
PATT

Sie ist ja richtig hübsch geworden ...
Für das Kind von so komischen Vögeln wie uns scheint sie sehr lieb zu sein.
Nico ...
Das ist dein Vater.
Vater?
Was ?!
Du kannst schon sprechen ...? Nico?
Ich habe drei Tage und Nächte mit ihr geredet und dann fing sie von selbst an zu sprechen.
Das Alphabet habe ich ihr allerdings noch nicht beigebracht.
Ich hab ihr erst mal einen einfachen Namen gegeben.
Verstehe ... Wie klug du bist.

....
TOCK
Ich möchte dich um etwas bitten.

Was ist denn so plötzlich ...?
Meinst du damit eine Puppe?

Sehr erfreut.
Geht es ... Ihnen gut?

Ist das ... ein Homunkulus?
Heißt das etwa ... ich soll eine Puppe herstellen, die sie steuern kann?
Nicht, dass ich das nicht könnte.

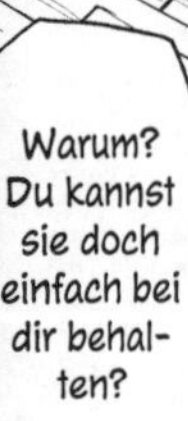
Sie kann sich nicht allein fortbewegen.
Ich möchte ihr ermöglichen, selbstständig zu handeln.
Warum? Du kannst sie doch einfach bei dir behalten?

Daniel und ich werden irgendwann sterben.
In letzter Zeit werden wir über-wacht.
Unter Umständen werden wir diesen Ort verlassen müssen.
Ich weiß nicht, was dann aus ihr werden soll, wenn sie sich nicht bewe-gen kann.
Wir wissen nicht, was für ein Lebewe-sen sie ist ...
... oder auf welche Art und wie lange sie lebt.
Aber nun ...
... da sie geboren wurde, werde ich dafür sor-gen, dass sie auch alleine leben kann.
Das ist meine Pflicht als ihre Schöpferin.

Sie soll in Zukunft leben, wie es ihr gefällt.

Gut ...
Einverstanden.

Und der Liefertermin?
Schnellstmöglich.
Ich habe noch ein Anschauungsmodell, das ich anpassen werde.
Die Herstellung ist kein Problem, mach dir keine Sorgen.

Danke.
Aber ich bekomme das Gleiche wie immer.
Nimm dir, was du willst.

Nicht mein Gesicht!
Urgs!

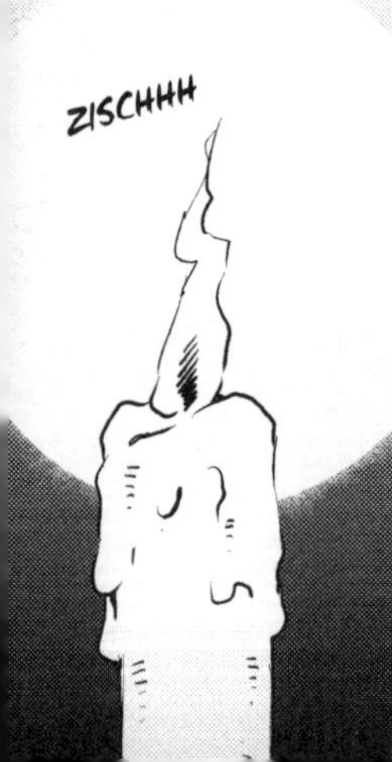
ZISCHHH

ZZZ
Wie schön für dich ...
Du hast Eltern, die für dich sorgen.
Soll ich deinen Wunsch erfüllen?
Dass sie deine Zuneigung annimmt und sie erwidert.

So ...
... will ich das nicht.
Warum?
Du kannst Männer nicht lieben.
Ich weiß es.
Weil du Männer nicht lieben kannst, wurdest du aus deinem Zuhause und deiner Heimat verstoßen.
Als ein Taugenichts, der weder Nachfahren noch ein Handwerk hinterlassen wird.
Sie ist zwar eine Frau, aber sie führt sich wie ein Mann auf.
Wäre das nicht perfekt, um dein Umfeld hinters Licht zu führen?
SST
Arme Sara.
Könnte ich dir nicht zumindest diesen einen Wunsch erfüllen?

Ich will nicht geliebt werden ...

Ich will lieben.

Macht es Freude, sich mit ihr abzugeben? ...
Du wurdest wohl erst vor Kurzem geboren, was?

Ihre überstürzte Art zu leben, ohne jegliches Zögern, um ihre Neugierde zu befriedigen ...

... ist so töricht und verbissen, dass es eine wahre Freude ist.
Es ist so schön, dass ich ihr am liebsten die Augen auskratzen möchte.

Hn ...
FWUPP

FUOOOH
SKRIEK
ZING
FWUMM
KNARR
KNARR

DOSCH

PLITSCH

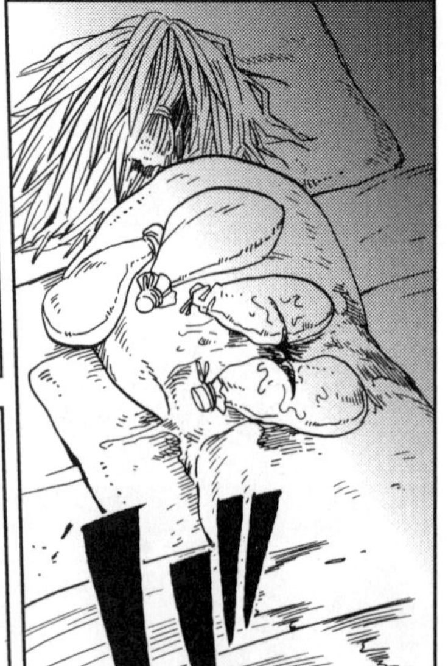
WAPP

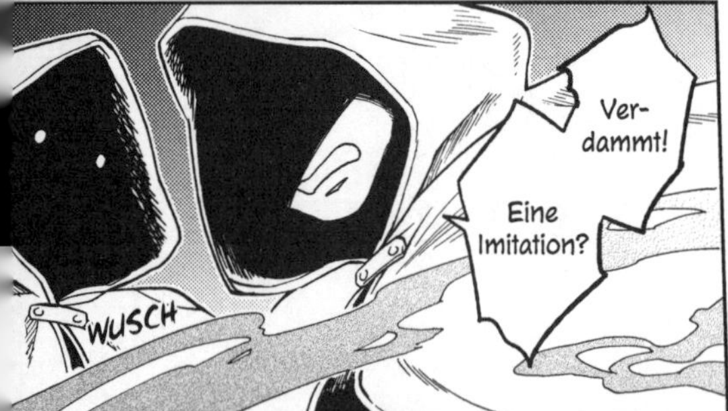
Ver-
dammt!
Eine
Imitation?
WUSCH

FWUSCH

Urgh
...?!
TSCHACK

SWUMP
Ugh!
KLAPP
Entschul-
digt, dass
ich nur noch
dieses Mittel
zur Hand
hatte ...
SPLOSCH

Diese Typen ... sind Inquisitoren, was?

Ich dachte mir, dass sie auftauchen würden, aber sie kommen früher als erwartet.

Sara!

FSCHHH

Verschwinde, bevor sie dich noch für meine Komplizin halten. Es ist nicht gut, wenn wir zusammenbleiben.

Ich gehe zu Daniel.

Mephisto!

Wir müssen fliegen!

Schnell!

Sehr wohl.

Tut mir leid.
Du hast mir damals geholfen, als du mich angesprochen hast.
Man hilft sich gegenseitig in der Not.
Hier, nimm!
Ich habe aufgeschrieben, was wie angeschlossen werden muss.
Danke, Sara!
Los!
BATSCH
FLAPP

KNARR
WONCK

GRAPP

SKRIEK
Verflucht ...!
Verflucht!
Bloß eine Alchemistin ...
Ah!
Uh ...
Ah ...
Ah ...

Weiß ich ...
... nicht.
Tch ...
TSCHING

Verdammt, spuck's aus!
KNIRSCH
Bist du ihre Komplizin ...?!
TSCHACK
TSCHACK
WUAMM
WONK
Wohin ist sie geflohen?
KRACK

Dämon ...

Ich hatte Angst vor dir.

Aber ich war auch froh.
Du hast mich immer so gesehen, wie ich wirklich bin, und bist bei mir geblieben.

Auch wenn ich keinen Pakt mit dir schließen kann, weil sie etwas dagegen hat.

Danke für alles.

ZASCH
Ich liebe dich.

SWIPP
Wie ...?
DOMPP
Ich kann nicht zulassen, dass du einfach stirbst.

Ich sagte doch, es gibt keinen passenderen Menschen für mich als dich.
Gyaah!
PLATSCH
KRAWOMM
KLAPPER
Was ist nur los mit euch Kerlen ?!
Nähert euch nicht achtlos! Diese Chemikalie ist gefährlich!
Zerstört alles!
Der Homunkulus war von Anfang an nicht hier!
KRACK

KAWUOMM
SPLASCH
PLITSCH
ZISCHHH
SWISCH
FWOSCH
BRIZZ
KNISTER
Daniel!

Spring!

KRÄH
KRÄH
BAMM
BAMM
BAAAMM
Hast du alles in Brand gesteckt?
Es soll weder für falsche Zwecke missbraucht noch als Beweis dienen können.
Außerdem ...

... ist unsere Arbeit der letzten fünf Jahre genau hier.

Es ist doch langweilig, wenn man von Anfang an alles weiß, so wie der Homunkulus.

Oder?

Ich werde Sara suchen und in den Norden gehen ...

Was wirst du tun, Daniel?

Ich ... werde mich erst mal in meine Heima zurückziehen. Schließlich wartet dort jemand auf mich.
So etwas wie eine Verlobte?
So in der Art.
Nico ...
Mit wem willst du mitgehen?

Mutter.

Verstehe.
FLAPP FLAPP FLAPP

Kümmer dich um Nico ...
... Faust.

Natürlich.
Ich blieb mit Asasel zusammen.
Und aus Daniels Blutlinie entstand Wagner.
Eine Geschichte voller Nostalgie.
Und dann …
… starb sie und wurde wiedergeboren.
Sara, sind Sie …
… noch immer …

Ah, da kommt sie.

Johanna!
Asasel ...

Ich liebe dich.

Das ...

... war jetzt das 20547. Mal.
Unterschreib lieber einen Vertrag.
Hu hu hu.
Entschuldige ...

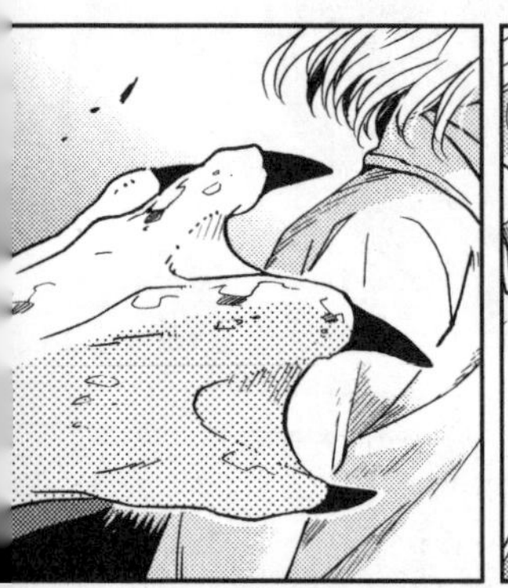

Haaab ich dich.

Fortsetzung in Band 4

Nachwort #3

Hallo und guten Tag, hier ist mal wieder Yamazaki.
Dieses Jahr soll es eine große Hitzewelle geben, aber hier ist es gerade kalt …

In Band 3 sind noch andere Dämonen außer Mephisto aufgetreten.
Unter den Dämonen gibt es viele, die Namen wie Luzifer oder auch Buer haben.

Zum Beispiel Asasel.
Das soll …
… der Ursprung des »Sündenbocks« sein.
In der Dämonologie gilt Asasel als erster Bannerträger der Höllenarmeen.
In Kapitel 16 Vers 10 des dritten Buch Mose des Alten Testaments …
»Aber den Bock, auf welchen das Los für Asasel fällt, soll er lebendig vor den Herrn stellen, daß er über ihm versöhne, und lasse den Bock für Asasel in die Wüste.«
Das ist die neue überkonfessionelle Übersetzung der Bibel.
… steht dieser Satz.

Asasel war ursprünglich eine Gottheit, die von den Semiten (Syrern) verehrt wurde.
Je nach Quelle wird er Schafsgott oder Ziegengott genannt. Was denn nun?
Im Islam tritt er als gefallener Engel Iblis auf.
A
B
Manchmal ein Paar
Manchmal Feind
So wurden alte Gottheiten in den Glauben anderer Völker aufgenommen und das Wesen der Götter und Geister änderte sich.
In Band 1 kam etwas Ähnliches vor.
Darunter gab es eine Episode, in der mir der Dämon besonders leidtat …

Altes Testament
4. Buch Mose, Kapitel 25 Vers 1-3
»Und Israel wohnte in Sittim. Und das Volk hob an zu huren mit der Moabiter Töchtern,
welche luden das Volk zum Opfer ihrer Götter. Und das Volk aß und betete ihre Götter an.
Und Israel hängte sich an den Baal-Peor. Da ergrimmte des HERRN Zorn über Israel …«
Angriff auf die Midianiter, die dem Baal dienen
Buch der Richter, Kapitel 2 – 6 (Zusammenfassung)
Da Israel dem Baal und der Astarte dient, schützt der Herr Israel nicht länger.
Gideon: »Was kann ich für den Herrn tun?«
Herr: »Reiße den Altar des Baal nieder und haue das Standbild der Astarte um. Bau mir einen Altar und verbrenne dort das Holz des zerstörten Standbildes.« Das wird ausgeführt.
Die Leute der Stadt, denen der Altar gehörte (Midianiter u. a.) rasten aus.
»Herr« = Jahweh
»Israel« bezeichnet hier nicht einen Einzelnen oder ein Land, sondern eine Gemeinschaft.
Bei einer der regelmäßigen Bibellesungen mit meinen Freunden (auf der Suche nach Rätseln und Lachern)
Dieser Baal …
Skype
Mehr Geheimnisse und Lustiges!
Der Arme.
Was für eine Belästigung.
Baal tut mir echt leid.
Mit einem Mal schien Baal Zebul … der Dämon Beelzebub wie vom Pech verfolgt.
Baal wurde in Kanaan weithin verehrt.
Außerdem gab es noch Dagan und Astarte … und aus Ägypten kam Amun hinzu.
Dagan erscheint auch im Cthulhu-Mythos.
Die Göttin Astarte wurde zu Astaroth und Amun zum Dämon gemacht.
Nicht nur Baal, sondern alle Götter des Gebietes, in dem das Volk von Israel umherwanderte, wurden im Großen und Ganzen zu bösen Gottheiten gemacht.
Sie verließen Ägypten, wanderten jahrzehntelang durch die Wüste und gerieten mit allen möglichen Ländern in Konflikt …
So lernt man bei der Recherche die Dämonen und Naturgeister verschiedener Landschaften und Völker kennen …
Wer daran Interesse hat, sollte das Thema mal erforschen! Vielleicht macht ihr neue Entdeckungen!
Also dann, wir sehen uns in Band 4 …
Spiel mit mir!

Im nächsten Band
Hinter der Unterbindung der Wiederbelebung von Mephistopheles steckt eine dunkle Seite der Kirche, die im Geheimen agiert.
Aber nun habe ich genau die richtige Aufgabe für dich gefunden.
Haaab ich dich.
Das Geheimnis des Inquisitors.
Dort ...
... wird meine Schwester gefangen gehalten.

Ein Überfall des Dämons des Schicksals.
Die Leidensspirale wegen ihrer Unsterblichkeit.
Ist Johannas einziger Wunsch zum Scheitern verurteilt, obwohl mit dem linken Arm und dem Kopf nur noch zwei Teile fehlen?!
Hast du schon einmal darüber nachgedacht ...
... warum die Kirche sich so vergeblich bemüht?
FRAU FAUST
4

TOKYOPOP GmbH
Hamburg

TOKYOPOP
1. Auflage, 2017
Deutsche Ausgabe/German Edition

Aus dem Japanischen von Miryll Ihrens

FRAU FAUST 3

First published in Japan in 2016 by Kodansha Ltd., Tokyo
Publication rights for this German edition arranged through Kodansha, Ltd.

Redaktion: Simone Meinecke
Lettering: Vibrraant Publishing Studio
Herstellung: Rita Geers
Druck und buchbinderische Verarbeitung:
CPI–Clausen & Bosse GmbH, Leck
Printed in Germany

ISBN 978-3-8420-3260-6

www.tokyopop.de